DORIS KNAPP – STATIONEN

Bilder: Doris Knapp
Texte und Display: Ingeborg Bauer

Doris Knapp – Stationen eines Künstlerlebens

Für Doris
in Freundschaft

Texte: Ingeborg Bauer

Bibliografische Information der Deutschen Nationalbibliothek:
Die Deutsche Nationalbibliothek verzeichnet diese Publikation in der Deutschen Nationalbibliografie; detaillierte bibliografische Daten sind im Internet über < http://dnb.d-nb.de > abrufbar.

© 2017 Ingeborg Bauer
Herstellung und Verlag: BoD - Books on Demand, Norderstedt
ISBN: 978-3-7448-8359-7

FÜR DORIS

Zu „TEMPUS FUGIT"

Lebenslauf
schwarz auf weißem Grund
Lebenslauf
weiß auf schwarzem Grund
Lebensentwurf
Lebensverlauf
spiegelbildlich -
widersprüchlich?
Vita brevis
ars longa.

Fäden
zarte und kraftvolle
zerfasernde
ausgefranste Taue
verstrickt
verhakt
verknotet -
entknotet
entwirrt
gelöst -
das Auf und Ab
einer mehrdimensionalen
Fieberkurve
nicht festzumachen
nicht zu entziffern - doch spürbar
die Wiederkehr
Rituale
Höhen und Tiefen
die schwarze und weiße Version:

In der Spiegelung der Entwürfe
die Suche nach
dem Sein.

Im Juli 2002

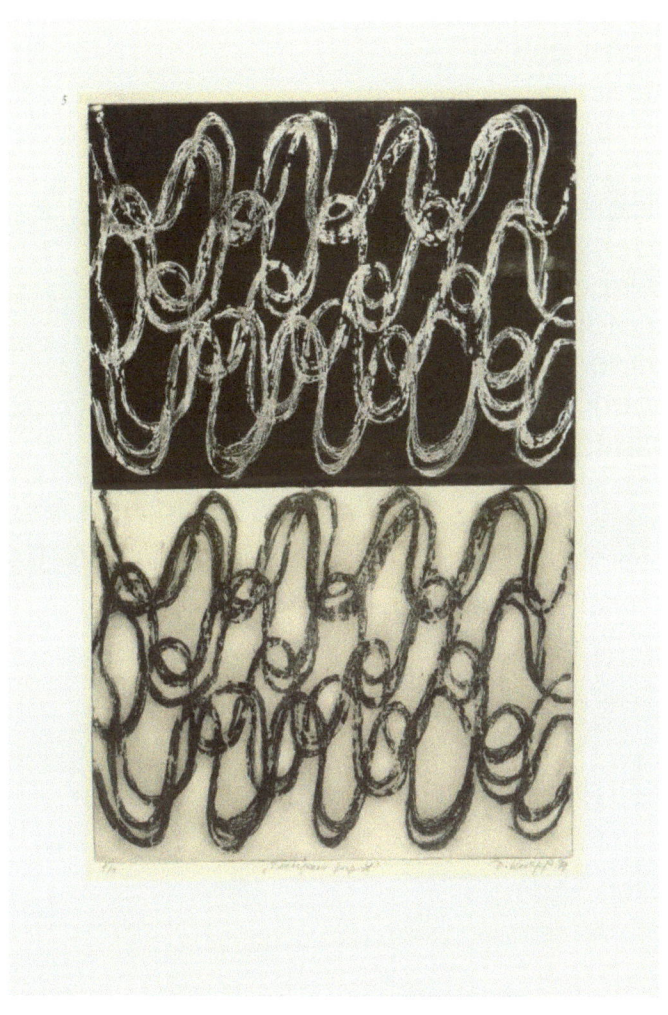

Gedächtnislücken
oder
das abgelegte Gedächtnis

Gedächtnis-
Lücken sind
Laufmaschen.
Locker und leicht
lösen sie sich
aus der Form.
Gedächtnislücken
entledigen dich
aller Erdenschwere -
und welche Lust zu leben,
könnte man meinen,
schwimmend
schwebend
mit leichtem Gepäck!

Im September 2002

Den 14. September 2002

Liebe Doris,

wie geht es Dir? Vielleicht bist Du ja
in Südfrankreich, wo Du hoffentlich nicht mit den
großen Fluten in Berührung kamst. Ich weiß ja nicht,
wo genau Dein kreatives Schaffen stattfinden sollte.
Du hattest mir mal erzählt, Du
wolltest Dir „Gedächtnislücken" vornehmen. Dir als
Ermunterung habe ich die beiliegenden Verse
gewidmet. Mögen Sie Dir Anregung sein. Ohne Deine
Enkelin wäre ich wohl auch nicht über Luftmaschen zu
Laufmaschen gekommen. So läuft eben ein kreativer
Prozess ab.
Lass es Dir gut gehen.
Alles Liebe

Zum Zyklus „ROTATION"

Rotation
Kreisen um die Nabe
den stillen Punkt -
auf die Feuerscheibe des Ichs
werfen Monde und Sonnen
Schatten und Licht
Segmentierung des Lebens
versuchte Annäherung
an eine verborgene
Innensicht.
Die Scheibe dreht sich,
die Drehzahl wächst.
Die Schwarz-Weiß-Zeichnung
der Vernunft
überlagert von der Wärme
des Gefühls:
Wir kreisen
stille Suchende
nach unserer Mitte.

Im Juli 2002

Den 12. August 2002

Liebe Doris,

Dein so lieber Brief macht mich fast verlegen, dennoch ist es sehr, sehr schön für mich, dass meine Worte bei Dir so viel Verständnis finden. Hab ganz, ganz lieben Dank dafür. Dank auch für den Druck Deines schönen Aquarells, ja, vielleicht ist es der Garten, er könnte es ja sein. Du sagst, Deine Ausstellung damals sei zu früh gewesen. Warum, sie hat offensichtlich bei vielen Menschen etwas ausgelöst, was sie verstehen konnten. Je abstrakter man wird, desto weniger Menschen können sich da einfühlen. Warum soll man sich an diesen farblichen Wohlklängen nicht freuen dürfen, sich des Geschauten in Anklängen an die „reale" Form erinnern? Zumal Dein Bild ja schon eine ganze Menge umsetzt, formt. Reisen sind wohl für uns beide Auslöser.
[...]

Dein Bild hängt in meinem Zimmer. Ich hoffe, Du bist mit dem Platz zufrieden, wenn Du ihn siehst. Die Widmung könntest Du ja noch nachträglich anbringen.

Mit liebem Gruß

„Meine Malerei ist geprägt von der Weite, in der
meine Kindheit verlief"

Doris Knapp

Für Doris

In blauer Tinte
einst ein Brief von Dir
mit einer blauen Blume
knospend, wie mir scheint,
blau wie von Ungefähr,
und namenlos,
stehend für alles Blaue,
das uns verbindet
mit der großen Weite,
die wir nur erahnen -
und nun Dein blauer Umschlag
zu Philippe Jaccottets
Hommage an Giorgio Morandi:
ein blaues Universum
in unablässiger Bewegung:
die Geburt von Gestirnen,
ihre Auflösung und Vereinigung,
Sternennebel, die kreißen
und gebären, eine Dynamik, die
in sich ruht und doch korrespondiert
mit der scheinbaren Ruhe
eines Bildes von Morandi,
der seinen Gefäßen Freiräume
eröffnet, die sie miteinander
in aller Stille kommunizieren lässt,
so wie Dein reduziertes blaues
Bild, das in seiner Transparenz
an Transzendentes grenzt.

Liebe Ingeborg!

Nun schreiben wir schon den
letzten Tag im Monat März
und jetzt erst finde ich die
Konzentration, um auf alles,
was in diesem Monat an
Wunderbarem auf mich zuge-
kommen ist, zu reagieren, auf
dich zuerst! Die blaue Kugel
leuchtet ge- beim wirkvoll
auf mei- nem Tisch, und
möchte Leere und Ord-
ung um sich haben, was
ich nicht immer bieten
kann, aber sie sieht großmütig
darüber hin- weg und bleibt
präsent. Ich nähere mich deinen
setzen und sie erzeugen Bilder
in mir, die ich z.T. schon habe
oder aber malen könnte.
Was für eine schöne Begleitung

Den 13. August 2003

Liebe Doris,

Dein Brief war der einzige Lichtblick im Briefkasten. Du bist schon eine begnadete Briefschreiberin. Briefe wie die von Dir bekomme ich sonst von niemandem, Sie tun so gut. Was Du da vom Aufbruch, vom Reisen schreibst, kann ich gut nachvollziehen, übrigens hat sich auch unser großer Goethe in ähnlicher Weise geäußert. Nehmen wir mal an, dass Deine Nachbarn Deinen „Frühchen"-Birnbaum doch tüchtig gießen. Dein Bild hängt in meinem Zimmer. Ich hoffe, Du bist mit dem Platz zufrieden, wenn Du ihn siehst. Die Widmung könntest Du ja noch nachträglich anbringen.

[...] Ich hoffe, dass Du Dich dem frischen Wind auf Rügen so richtig hingeben kannst. Und dass Dir „Bilder" über den Weg laufen, die Dich nicht mehr los lassen und was auch immer sonst. Ich weiß, Du wirst meinen Brief erst nach Deiner Rückkehr bekommen, aber es ist doch auch schön, wenn Du dann siehst, dass ich an Dich gedacht habe. [...]

Mit liebem Gruß

Doris Knapp sieht in Julius Bissier
eines ihrer Vorbilder

Bissier, ein Aquarell von Doris Knapp
und ein Osterspaziergang

Frühlingshafter Raum:
die Sonne rot, rund und voll
besiegelt den Tag.

Das Sonnensiegel
rot im frühlingshaften Raum -
worauf wartest du?

Blaue Veilchen am
Wiesenrain - wie konntest du
sie übersehen?

(Haikus)

Zu den Tuschen von Julius Bissier

die Leere
umfangen
in Gefäße
füllen
in verlässlich
gefestigte
Form

Ostern 2005
(27. März 2005)

16

Den 31. März 2005
Liebe Doris,

hatten wir nicht einen ganz wunderbaren Tag zusammen letzte Woche. Es hat mir richtig gut getan, mit Dir zu reden, und ich hatte das Gefühl, dass ich einiges über Dein Schaffen neu begriffen habe. Nun, man wird sehen, ob Du da zustimmen kannst. Ich habe die Eröffnungsrede vorerst mal abgenabelt und denke, es ist etwas Rundes geworden. Als ich danach in meinem Lyrikband las, sah ich plötzlich eine ganze Reihe von Berührungspunkten und habe mich doch sehr wundern müssen, dass ich da nicht rascher draufgekommen bin. Da ich den Gedankengang der Rede nicht stören will, werde ich einige Texte anschließend lesen, das Auditorium aber schon anfangs darauf hinweisen. Ich hoffe, dass Dir das so recht ist.

Mit Bissier habe ich mich auch beschäftigt, das hat mir auch einiges gebracht. Es ist immer gut, wenn man Bilder, in diesem Fall seine Tuschen, immer wieder betrachten kann. Der einführende Text ist recht hilfreich und ich habe mir ein Exzerpt gemacht. Sei ganz herzlich bedankt.

[...]   Soviel für heute. Lass es Dir möglichst gut gehen.

Zum 10. März 2005

Liebe Doris,

Dein Geburtstag naht und mit einem Zusammentreffen von uns beiden hat es immer noch nicht geklappt. Seit dem Herbst liegt jetzt der Doppelkatalog der Freiburger Ausstellung bei mir und wartet darauf, zu Dir zu kommen. Julius Bissier und Erhart Kästner - ich hoffe, Du hast die beiden Bändchen noch nicht. Ich bin gespannt, wie Du Kästners Ausführungen findest.

[...]

Jetzt wünsche ich Dir einen schönen Geburtstag und ein gutes Jahr, gutes Arbeiten und dazu Luft unter den Flügeln, wie Du zu sagen pflegst.

Den 31. Juli 2005

Liebe Doris,

sei ganz lieb bedankt für das hübsche Foto und Deine lieben Zeilen. Auf dem Foto kann ich mich akzeptieren und ich verstehe, warum Du fandest, dass ich mich gut in Dein Bild einfüge. Auch die Farben - dieses Blaugrau!

Die Träne der Pythia
(zu einem Scherenschnitt
        von Doris Knapp, 2003)

I. Fassung

Das Auge schaut nach innen
und wenn die Trauer Tränen weint
über das Verlorene,
möge die Erkenntnis wachsen
und die Träne der Trauer
versiegen, auf dass
hinter feuchtem Schleier
das Feuer des Erinnerns
brenne, stetige Flamme,
auch wenn die Rede
längst verstummt.

II. Fassung

Sie sprach von Delphi,
vom Dreifuß der Pythia,
die geheimnisumwoben
im Bild nur erahnt
werden konnte.
Ich aber sah darin
die Träne, die das Antlitz
der Frau ausfüllte,
der das Vorausschauen
gegeben war und auch
die Vergeblichkeit
solchen Wissens.

Zeit, fließend (2004)

Zeit fließt - Wasser fällt
durch sonnendurchlichtetes
Frühlingsgrün - bunte Farben
spiegeln glückverlorenes
Erinnern - Blütenzauber
eingehüllt in lange vergessene
Klänge: es grünt, sagt der Vogel
und du fühlst die Zeit stille stehen
unter deinen Lidern.

Ausstellung in der Alpirsbacher Galerie: „leichtSinn schwerKraft" DorisKnapp u.a. Im Juli 2007

leichtSinn und schwerKraft

leichten Sinnes sein
ist nicht Leichtsinn,
eher doch ein Sich-Anvertrauen
                    den Lüften
wie die Vögel
die Flügel weiten
an ihre Tragfähigkeit glauben
die Schwerkraft überlisten
ohne Bodenhaftung zu verlieren,
denn was wäre die Leichtigkeit
                ohne sie?

„Vogelschwarm" / Tusche

Vogelflug verdichtet
zum Zeichen, zum Schirm,
der den Himmel eindunkelt.
Vogelverdichtung
das Leichte wird schwer
und wächst doch in den Flügeln.
Locker zerfasert der Himmel
Dunstschwaden, die schwärmend
sich vernetzen
um im nächsten Augenblick
sich zu verlieren.

Schrift auf den Kopf gestellt

Schrift auf den Kopf gestellt
und überschrieben
Lebensgeschichten als
Erinnerungszeilen
mit Auslassungen
Gedächtnislücken.
Überzeichnungen
Strukturierungen
Herausarbeiten von
Schwerpunkten
mit leichtem Sinn.

Das Vibrieren der Saiten

Das Vibrieren der Saiten -
Saitensprünge kleine Unebenheiten
gefühlsbeladene Varianten
auf den Punkt gebracht
die Leichtigkeit der bloßen Berührung
Schwere der Fußnoten
Fußangeln - die Lust sich loszureißen
in neue ungeahnte Höhen
Höhenluft Höhenrausch
ein Schweben über den Talgründen
eine Ahnung nur vom Bad in den Fluten
die dem Körper schmeicheln
den Tag wie das Jahr
allmählich ausklingen lassen
mit leicht vibrierendem Spiel der Saiten
einschlafen dürfen unter dem
vollen Mond.

Irgendwie zu einem Schluss kommen
nach solchen Querschlägen
solchen Staccati
ein melodisches Verschmelzen
der Klänge ein Hakenschlagen
irgendwo ein Herz verstecken
in der Hoffnung
es werde nicht übersehen -
sich entscheiden für den weiten Raum
und die gedehnte Zeit
einen Bogen schlagen und
sich annähern dem Kreis.

Verweht
    das Erinnern
    an die Dünen der Kindheit
    die Sommerwiesen
    das kleine Kleid, aus dem man
    eines Tages herausgewachsen war
verwaschen
    so manche Geschichte
    die zu häufig erzählt
    ihren Glanz verlor
    anders als Rilkes Kinderschürze ...
Der Wind weht
und lässt das Erinnern
sanft und luzide
vorübergleiten.

Am 18. Juli 2007

Den 12. Juni 2008

Liebe Doris,
sei herzlich bedankt für Deine Post. Ich bin ganz
hingerissen von diesem blauen Bild, möchte immer
wieder meine Finger drauf-, nein hineinlegen, es wirkt
so haptisch, suggeriert Tiefe. Jetzt glaube ich doch,
dass Du für manche Bilder einen dreidimensionalen
Rahmen anstreben solltest. Ich werde das kleine
Meisterwerk jedenfalls aufhängen. Es ist ein kleines
Wunder.
Mich freut auch, dass Du Dich von meinen Worten
verstanden fühlst, sogar sehr freut mich das. Dank
auch für die Bilder.

Blaues Erinnern

blauer Lavendel
von Rosenblut
getränkt

blaues Erinnern
in Lust und Leid
getränkt

das Flattern
weißer Falter macht
blaues Erinnern
ungekränkt

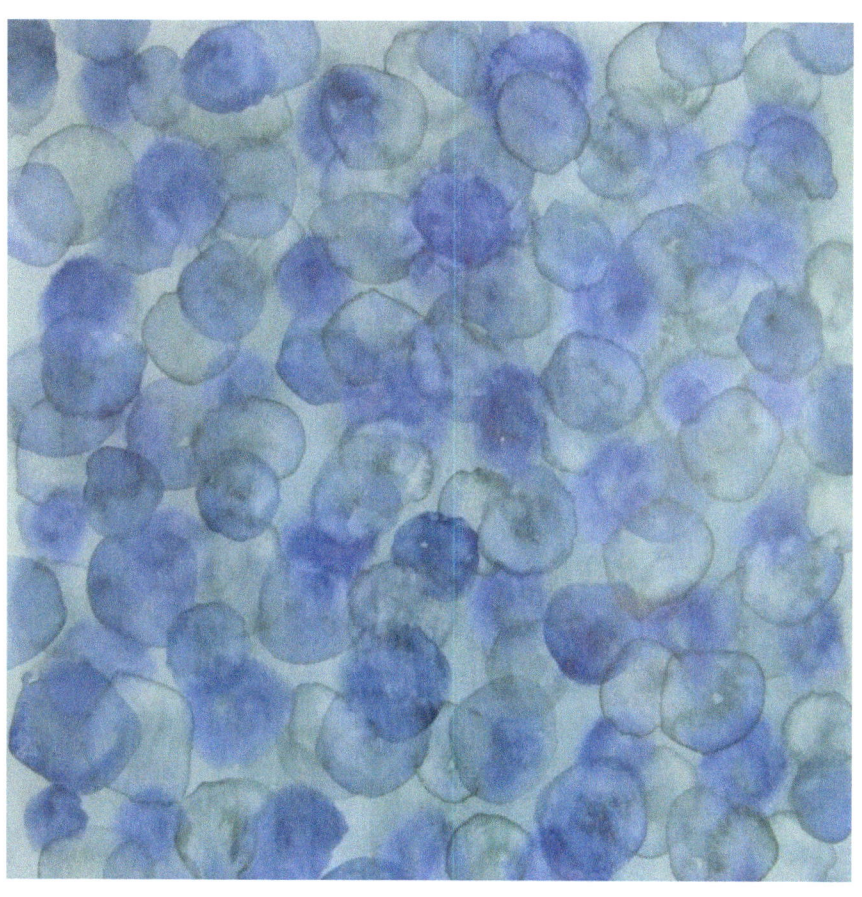

Esslingen den 27. Dezember 2009

Liebe Doris,

über Deine lieben Zeilen zu Weihnachten und den schönen „Radierer"-Katalog habe ich mich sehr gefreut, aber vielleicht doch am meisten über Deine schöne „kosmisch" blaue Karte. Da leuchtet der ganze Sternenhimmel auf, ein bisschen auch Tag und Nacht und der Lauf der Welt, der Zeiten – und alles so gelassen. Sei von Herzen bedankt.

„Netzwerk II" ist ein sehr interessantes Bild, knüpft an Bekanntes von Dir an und ist doch ganz anders. Es ist, als bewegten sich mindestens zwei Ebenen, die man nicht eigentlich fixieren kann. Das ist schon sehr gekonnt. Darf ich Dir bei der Gelegenheit auch mal wieder sagen, wie mich Deine in unseren Räumen hängenden Bilder täglich erfreuen. Meine Siesta unter dem Bild der Kurischen Nehrung – das möchte ich nicht missen. Wahrscheinlich machen wir im August ja eine Reise durch das frühere Ostpreußen und das Baltikum. Das passt dann besonders gut und ich nehme Dich in Gedanken mit.

[...]

Zu Doris Knapp, Netzwerk II

Lauter kleine Kästchen
aneinandergereiht und
aus der Ordnung geraten
ausgeschert –
übereinander geschichtet
überlappend
sich keineswegs deckend
in den Hintergrund tretend
zum grauen Schatten
mutierend, zu einer
neuen Figuration –
es ist das Kreuz
das dem Quadrat
seine Struktur gibt.

Am 5. November 2010

**Ausstellung in der Kreuzkirche in Nürtingen
Doris Knapp – Farbe im Dialog**

Vom 1.-29. März 2015

Zum Titelbild der Einladung

Doris Knapp
Helle Spur
(2014)

Wo sich das Blau verdichtet
verläuft die helle Spur
des Erinnerns – Identitätssuche
Identitätsfindung – an manchen
Tagen klärt sich das Bunte
Verworrene des Lebens
und fügt sich ins tiefe Blau
des kosmischen Raums.

Die Überschriften der Texte sind identisch mit den Titeln
der Bilder.

Linien-Schrift

Die Linie am Beginn
und am Ende –
aus der Linie entwickelt
sich die Welt der Objekte
schwellt die Landschaft
mit ihren Horizonten –
auf der Linie entsteht die Schrift.
Reduktion - Abstraktion –
ein In-sich-Versinken
und ein Wachsen
Sich-Auf-Falten –
Linien können
die Farbigkeit der Welt
abbilden, im Auge
des Betrachters
Emotionen
entstehen lassen und
Texte, eine Biographie.

Am 25. April 2015

Doris Knapp: Sonnenzeichen –
Schattenblau –
Die Freude

Primärfarben: Gelb – Blau - Rot

Licht ist Helligkeit –
man muss ein Zeichen setzen
es sichtbar machen.

Schatten vibrieren
im Licht, das die Dunkelheit
modelliert: verblaut.

Das amorphe Rot
sprengt Grenzen, so wie Freude
alle Formen sprengt.

(Haikus)

Horizont II und
Zwischen Tag und Nacht

eine Landschaft entsteht
in farbigen Streifen
so als fahre ich
mit hoher Geschwindigkeit
durch meine Tage –
in den Farben enthalten
sind die Frische des Morgens
die schwere Süße des Mittags
das freundliche Dämmern
hinein in den Abend –
möge der Untergang
der Sonne mich mit
neuer Hoffnung erfüllen.

Zwischen Tag und Nacht

Du versinkst im Blau
deiner Träume –
Gelassenheit
Tiefe – auch der Tag
bedeckt nun
friedvoll leuchtend
dein ganzes Sein.

Schattenblau (I)

Vibrierende Halbschatten
geheimnisvoller Zeichen
Briefe in einer unleserlichen
Schrift voller Suggestion
undeutliches Vermuten
ein Begreifenwollen neben
zögerlichem Hinhalten –
noch ist Ruhe, was danach
kommt, könnte dich verstören
oder beglücken – gehörst du
zu denen, deren Erwartungen
sich erfüllen oder musst du
immer das Schlimmste
befürchten?

Schattenblau (II)

Schattenblaue
Kornblumenblüten
Mittsommertraum –
tiefblaue Gedanken
einmal in der Gegenwart
verhaftet, in der Vergangenes
verblasst und die Zukunft
noch nicht begonnen hat.

Abend

Noch hält der Strand
die Glut des Tages
liegt das Wasser
in transparentem Blau.
Der Himmel aber
spricht schon aus
was dein Herz
befürchtet, was
es erhofft.

Tag und Nacht

Zwischen Tag
und Nacht
der bunte Traum
vom unbewussten
Leben – farbige
Fäden unverwoben
reflektieren das
komplexe Gewebe, das
auf geheimnisvolle Weise
biographisch verortet.

Heißer Strand

Wenn der Strand
wie die Wüste erglüht
senkt sich der Himmel
tiefblau über die
tiefroten Zeichen
deiner ganz eigenen
Codierung von
erfahrener Emotion.

Ausflug

Aus dem Blauen
ins Blaue, ins Bunte
in den strahlenden Mittag –
Picknick im Grünen
mit Gesprächen
unter grünen Bäumen
Kinderlachen
und blökende Schafe
Gänse vielleicht und
trabende Pferde –
endlos erstreckt sich
ein solcher Sommertag
für das Kind, länger noch
haftet das Erinnern.

Tiefes Blau

Eingetaucht
untergetaucht
geradezu
versunken
in dieser Tiefe –
darüber leuchtet
das Leben
als *schmale Leier*
und singt das Lied
vom tiefen Blau.

Schönes Blau

Sommerlichtes Wasser
schafft lichte Gedanken
Erinnern voller Leichtigkeit –
Mitte des Lebens
mit allen Farben
des Regenbogens –
ach, könnte man
die Zeit festhalten!

Tagebuch

Zeichen auf gelbem Grund
Pergament bedeckt
mit kleinen Segeln
die ganz unterschiedliche
Schatten werfen –
Lebenszeichen
wohin ausgerichtet
welcher Struktur folgend?
wäre daraus
eine Erkenntnis
zu gewinnen und
wie würde sie lauten?

Kornfeld

Das Ockergelb
in dem sich die Ähren wiegen
jedem einzelnen Halm
wird Genüge getan.
Aufgereiht wie römische Zahlen
etwas *vom Winde verweht*
doch stimmt die Basis.

Sonntag, den 1. März 2015
Liebe Doris,

ich war sehr beeindruckt von Deiner kleinen und so feinen Ausstellung, und auch davon, dass sich alles so flüssig und unmittelbar liest. Und dass ein roter Faden durch all die Werke aus den früheren Bildern bis in die Gegenwart läuft. Es sind nicht zuletzt die mit 2014 datierten Bilder, die mich so unmittelbar ansprechen und so fröhlich machen. Ich habe den Eindruck, dass Dich Dein Alter gelassen, gefasst, gefestigt gemacht hat - in einem ganz positiven Sinne. Du bist ein Vorbild oder wenn Dir das englische Wort besser gefallen sollte, ein „role-model".

Ich habe gerade in dem schönen Katalog von 2003 geblättert und auch gelesen, was ich damals ge-schrieben habe. Ich kann zu jedem Wort stehen, es ist immer noch stimmig. Man könnte den Text weiter-schreiben.

Du weißt, ich habe einen Brief von Dir eingerahmt, und er hängt immer noch bei uns an der Tür zu meinem Arbeitszimmer, bewacht es sozusagen, gibt Zuspruch. Und nun sind wieder Bilder entstanden, die unlesbar-lesbare Briefe sein könnten oder eben Seiten eines Tagebuches oder wie Frau Dr. Lipps-Kant Dich zitierte „meine Bilder sind die Chronik meiner Tage". Von „Farbfelderbefragung" sprach sie, das ist ein schöner Begriff. Nicht der Theorie seiest Du verpflichtet, son-dern „der Emotionalität der Farbe". Und diese Farben sind so recht die Deinen. Und bei aller Abstraktion in dieser „Minimal Art" gehen Deine Bilder doch zurück auf Gesehenes, Erlebtes, Erfahrenes und so erlebt sie auch der Betrachter, wenn er denn gelernt hat, zu sehen. Picasso hat einmal gesagt, dass man das Figurative, Gegenständliche gar nicht unterdrücken könne. Man könne später alle Spuren der Wirklichkeit entfernen. Dann hätten die Dinge inzwischen ihr unauslöschbares Zeichen hinterlassen. Daran musste ich heute Morgen denken, als ich vor einigen Deiner Bilder stand. Es sind Farbfelder, die übrigens vibrieren wie bei Mark Rothko, stärker, weil sie näher an der Realität sind, keine Transzendenz anstreben – oder doch? Ein Bild wie das Aquarell „Horizont II" enthält eine komplexe Landschaft, und obwohl sich die Farbigkeit in Streifen ergießt, begegnet der Betrachter eigenem Erleben, eigenen Vorstellungen. Gerade in diesem Bild erweitert sich der Horizont und wird zum Abbild eines ganzen Tages, eines Jahres, zur „Chronik eines Lebens". Es sind ja auch Deine Titel, die den Lebensbezug, den Bezug zum Erinnern an Erfahrenes ansprechen. Und es ist diese Freiheit vom Detail, die es jedem Einzelnen ermöglicht, seine Geschichten hineinzutragen. Gerade in dieser Serie vermute ich Dein Erinnern an Kindheitstage an der Ostsee. Die Radierung in meinem Arbeitszimmer, die du mir mal geschenkt hast, ist „farblos" insofern, als sie sich der der Radiernadel geschuldeten Hell-Dunkel-Struktur bedient. Und doch sehe ich hier das damalige Thema in der jetzigen Farbigkeit wieder aufgenommen.

Liebe Doris, es war sehr schön, Dich wiederzusehen inmitten der prächtigen Bilder, in einem schönen Ambiente und einem angenehm interessierten Publikum. Es war ein schöner Sonntag. Danke für die Einladung und für Deine Freundschaft.

Mit ganz herzlichem Gruß

... dass Bezüge da sind zwischen ähnlichen Erfahrungen an unterschiedlichen Orten und dass Erinnerungen zerlaufen wie Farben, dass unsere inneren Bilder am Geflecht der Erinnerungen orientiert sind ...

**Lyrik zum Katalog zur Ausstellung
in der Galerie „Pupille" in Reutlingen
von Doris Knapp
im Mai 2008**

Das Meer

So blau ist kein Meer
denkst du, bevor du
dort warst an einem
dieser vollkommenen Tage.

Blau ist das Ferne
das Unerreichbare
die Tiefe des Meeres
die Unendlichkeit des Himmels
und die blaue Blume
die sich in deinem Auge spiegelt.

Strand (Aquarell)

In die monochrome
orangegelbe Freude
Kindheitserlebnisse
projizieren – und
wenn man über solche
nicht verfügt, so
nehme man ein
Quäntchen von
den alten Wünschen
um sie unterzubringen
im perfekten Traum
eines Kindertages
am Strand.

Sonnentag (Aquarell)

Heute brütet die Hitze
über der See, so dass
das Wasser schmal
der Strand schmäler
und der rote Schirm
riesig erscheint.

‚plein rouge'

wären die Ränder nicht
trotz weicher Übergänge
so sorgsam gezogen
die Liebe wäre aus-
ufernd – ein schmaler
Streifen von Agape
mildert den Sprung
ins kühle Nass.

Wiesenblüte

Es müsste sich um
Wiesenschaumkraut
handeln, das zart
und beharrlich
auch die saftigste
Wiese mit einem
rosa Schleier
durchdringt.

Waldrand

Der Frühling ist
dem Sommer gewichen.
Es grünen Wiese
und Wald und ein dunkler
Schatten neigt sich
über die Fluren.

Ohne Titel

An der Ostsee
reichen die grünen Weiden
manchmal fast bis zum Meer.
Beschattete Klippen
lassen dich mutmaßen, dass
du nahe bist
der versunkenen Stadt.

**Ausstellung in der Galerie „Pupille"
in Reutlingen
Vernissage am 30. Juli 2017**

Zu Doris Knapp
Wasser (2008)

Blau -
Wasser tief
gründend
zart ziseliertes
frühes Leben
leise bewegt
rührend
in sich ruhend
ein allmähliches
Sich-Verströmen
ganz in der Stille
sich zurückwendend
als wollten sich
die zarten Wellen erinnern
an ihre dunklen Ursprünge
und immer transparenter
und heller die Gedanken
leichter und heiterer
sich direkt dem Himmel
nähernd –
Unendlichkeit.

Am 31. Juli 2017

„Meine Malerei ist geprägt von der Weite, in der meine Kindheit verlief, oft begrenzt von den dunklen Streifen des Waldes oder der lebendigen Zone des Wassers und des Lichts."

Doris Knapp

Doris Knapp
Schöpfungstag (1997)

Chaos des Anfangs
in warmen Farben
ohne feste Formen
ein weiches Wogen
nahe dem Feuchten
dem Wasser –
eine rote Sonne
wirft farbige Schatten
auf die Finsternis
weckt Formen
zum Leben:
Zauber des Anbeginns.

Die große Düne I (2005)

Die eine Wolke
weiß und ungeheuer oben
über der dunkelblauen
Wolkenwand
als düsterer Abendvogel
zieht sie schreiend
über den von Sommersonne
glühenden Strand
zielstrebig dem einen
Schattenpunkt entgegen
in dem die Nacht sich
unaufhaltsam duckt.

Am 31. Juli 2017

Die große Düne II (2005)

Eine dunkle Wolke
scheidet das Lichte,
lässt ein Leuchten zu –
schafft scharfe Konturen
und macht den einen
Moment zur Nabe,
zur Sinn stiftenden
Figuration, die sie feurig
aufflammen lässt.

Am 31. Juli 2017

Kurische Nehrung I

Kiefernwälder
Dünen und Sand
dazwischen das Haff
Thomas Mann sprach von *südlichem Einschlag*
doch ist es ein nordisches Licht
ein nach Weiß hin tendierendes Grau
ein wenig verhangen lässt es
eine Ahnung aufkommen von Härte
wie sie sich ins Monumentale gesteigert
in Agnes Miegels Versen niedergeschlagen hat:
Gott vergaß uns, er ließ uns verderben
Und so kam die Düne *und deckte sie zu.*

Strandhafer wogt in den Dünen
wiegt sich im Winde
ein Tanz auf der Stelle
doch rhythmisch sich neigend.
Wie die Kiefern, deren Gestik
in den Ästen erhärtet und
unzählige Bilder rahmt von Himmel
Wasser und Sand. Zu Zeiten
fliegen Schwärme von Vögeln
über Nehrung und Haff
hier werden sie in riesigen Reusen
gefangen, beringt, katalogisiert
während die kleinen Herzen
angstvoll schlagen – *Vogelzug*
und die Länder der Sterne
hier sind sie uns nahe.

Im Dorf die typischen Wetterfahnen
der Nehrung, jede erzählt eine Geschichte
in ihrer eigenen Bildersprache
wie die kurischen Kreuze im Friedhof,
die das Fußende zieren, denn
die Vorstellung entbehrt nicht der Logik
dass eine Auferstehung bei den Füßen beginne.

Im August 2011

Grünes Land
Weiter Strand
Am Wasser
(2017)

Vibrierendes Grün
Pulsschlag des Sommers
Herzschlag von Licht und Schatten –
sich überschlagende Wogen
und zugleich Stille
über dem weiten Land.
Grünender Grund
breitet sich aus,
streckt Fühler in Waldeskühle,
hin zum blauen Meer
in die Tiefe des Horizonts.

An wenigen
heißen Tagen
überwiegt das Rot
folgend dem Gefühl,
dass nun alles erreicht sei,
jetzt wo Wasser und Blau
den Horizont ganz
im Diesseits verorten –
ganz Leben und Fülle

Am 31. Juli 2017

Kurische Nehrung   II

Kiefernwald schmiegt sich
als dunkler Keil
in die sandigen Kerben
der Dünen des Haffs
Ton in Ton sandig
modulierte Grüntöne
breiten sich aus
durch Strandgras
führen Holzbohlenpfade
begleitet von einem Geflecht
aus Zweigen führen Spuren
im Sand geradewegs in den
graumelierten Himmel.

Im August 2011

Doris Knapp
Am 31. Mai 2008

Doris Knapp
Am 30. Juli 2017

Ingeborg Bauer

Studium der Germanistik und Anglistik. Nach dem Staatsexamen als Studienrätin tätig.
Volkshochschuldozentin in Esslingen (Englische Konversationskurse mit Schwerpunkt „Englischsprachige Literatur der Gegenwart").
Freiberufliche Mitarbeit in einer Galerie für zeitgenössische Kunst, Vernissagen, Texte für Kataloge.

Veröffentlichungen u.a.:
- „Mental Maps" - Lyrik und Kurzprosa (2003)
  ISBN 3-89906-447-X   € 4,80
- „Das Blau des Himmels aber birgt den Engel" - Lyrik (2004)
  ISBN 3-899906-795-9   € 7,80
- „Traumverwandt die Schatten der Dinge" -Lyrik und essayistische Prosa (2005)
  ISBN 3-89906-597-2   € 8,80
- „Sommerschwer die Vogelbeerdolden" - Lyrik (2005)
  ISBN 3-899906-596-4   € 8,80
- „Die Melodie des Ölbaums und der Palme" – Reisen in den Maghreb" (2007)
  ISBN 978-3-8334-6807-0   € 11,80
- „Am blauen Rand Europas - Inseln im östlichen Mittelmeer" - Lyrik (2008)
  ISBN 978-3-8379-5744-4 € 11,90
- „Ägyptischer Bilderbogen - Tagebuch einer Ägyptenreise" (2009)
  ISBN 978-3-8370-8722-2   € 25,00

- „Es streift eine dunkle Flöte" (2010)
  ISBN 978-3-8391-4233-2 € 14,80
- „Annette von Droste-Hülshoff - eine
  Annäherung" (2010)
  ISBN 978-3-8391-4670-5 € 14,80
- „Von Wald, Wasser und Wind
  und einer bewegenden Geschichte
  Polen - Baltikum - St. Petersburg" (2011)
  ISBN 978-3-8423-4030-5 €35,90
- „Im Bannkreis Venedigs - Venedig - Kroatien -
  Korfu" (2011) ISBN 978-3-8423-5850-8 € 24,90
- "Peer Gynt und das menschliche Maß -
  Gedanken zu einer Norwegenreise" (2012)
  ISBN 978-3-8448-1092-9 €19,90
- „Spiegel innerer Räume - Lyrik zu Bildern von
  Paul Klee" (2012) ISBN 978-3-8448-1601-3
  € 24,90
- „Auch am Rand ist in der Mitte - eine (nicht
  nur) literarische Reise durch Irland" (2013)
  ISBN 978-3-7322-3730-2   € 20,90
- „Von der Zeit" - Ingeborg Bauer, Lyrik
  Peter Magiera, Grafik (2015)
  ISBN 978-3-739-224701   € 5,99
- „AugenBlicke Teil I: Augenblicke der Mensch-
  heit" (2016) - ISBN 978-3-741-29301-6 € 12,99
- „AugenBlicke Teil II: Gesicht und Auge – Port-
  rät und Maske" (2016) - ISBN 978-3-741-29306-1
  € 9,99
- „AugenBlicke Teil III: Das Auge in der Moder-
  ne" (2016) - ISBN 978-3-741-29309-2   € 15,99